BEI GRIN MACHT SICH IHR WISSEN BEZAHLT

- Wir veröffentlichen Ihre Hausarbeit,
  Bachelor- und Masterarbeit

- Ihr eigenes eBook und Buch -
  weltweit in allen wichtigen Shops

- Verdienen Sie an jedem Verkauf

Jetzt bei www.GRIN.com hochladen und kostenlos publizieren

Gesundheitsorientiertes Ausdauertraining. Diagnose, Zielsetzung und Trainingsplanung im Meso- und Makrozyklus

Dennis Krewer

Bibliografische Information der Deutschen Nationalbibliothek:

Die Deutsche Nationalbibliothek verzeichnet diese Publikation in der Deutschen Nationalbibliografie; detaillierte bibliografische Daten sind im Internet über http://dnb.d-nb.de abrufbar.

ISBN: 9783346644572
Dieses Buch ist auch als E-Book erhältlich.

© GRIN Publishing GmbH
Nymphenburger Straße 86
80636 München

Druck und Bindung: Books on Demand GmbH, Norderstedt Germany
Gedruckt auf säurefreiem Papier aus verantwortungsvollen Quellen

Das vorliegende Werk wurde sorgfältig erarbeitet. Dennoch übernehmen Autoren und Verlag für die Richtigkeit von Angaben, Hinweisen, Links und Ratschlägen sowie eventuelle Druckfehler keine Haftung.

Das Buch bei GRIN: https://www.grin.com/document/1195902

Inhaltsverzeichnis

1   DIAGNOSE..2

1.1   Allgemeine und biometrische Daten...2

    1.1.1   Bewertung des Blutdrucks und des Ruhepulses...........................2

1.2   Leistungsdiagnostik/Ausdauertestung.......................................3

    1.2.1   Begründung der Auswahl des Ausdauertests.............................3

    1.2.2   Darstellung des Testverlaufs..4

    1.2.3   Bewertung des Testergebnisses...5

1.3   Gesundheits- und Leistungsstatus der Person...........................6

2   ZIELSETZUNG/PROGNOSE...7

3   TRAININGSPLANUNG MESOZYKLUS..................................8

3.1   Grobplanung Mesozyklus...8

3.2   Detailplanung Mesozyklus..8

3.3   Begründung zum Mesozyklus..10

    3.3.1   Begründung zum angestrebten wöchentlichen Belastungsumfang...........................10

    3.3.2   Begründung zu den ausgewählten Trainingsmethoden..............11

    3.3.3   Begründung zur Belastungsprogression...................................11

    3.3.4   Begründung zu den angesteuerten Trainingsbereichen.............12

    3.3.5   Begründung der ausgewählten Ausdauergeräte bzw. Bewegungsformen.................12

4   LITERATURRECHERCHE...13

4.1   Studie 1...13

4.2   Studie 2...14

5   LITERATURVERZEICHNIS...15

6   ABBILDUNGS- UND TABELLENVERZEICHNIS...................16

6.1   Tabellenverzeichnis...16

1 Diagnose

1.1 Allgemeine und biometrische Daten

Tabelle 1: Allgemeine und biometrische Daten (eigene Darstellung)

Alter	23
Geschlecht	weiblich
Körpergröße	161 cm
Körpergewicht	52 kg
BMI	20,06 kg/m²
Trainingsmotive	Ausdauerleistung und allgemeine Fitness steigern, Wohlbefinden und Gesundheit fördern
Berufliche Tätigkeit	Medizinische Fachangestellte
Zeitlicher Verfügungsrahmen	An sieben Tagen pro Woche, zwei Stunden pro Tag
Aktuelle und frühere sportliche Aktivitäten	Seit einem Jahr durchschnittlich ein bis zwei mal pro Woche je 20-30 Minuten Laufen ohne systematische Trainingsplanung
Blutdruck	Systolischer Blutdruck: 126 mmHg Diastolischer Blutdruck: 75 mmHg
Ruhepuls	73 Schläge/Minute
Allgemeiner Gesundheitszustand	keine Beschwerden
Einnahme von Medikamenten	keine
Sonstige gesundheitliche Einschränkungen	keine

1.1.1 Bewertung des Blutdrucks und des Ruhepulses

Die Person hat bei der Blutdruckmessung systolisch 126 mmHg und diastolisch 75 mmHg erreicht. Wie sich aus Tabelle 2 ergibt, ist der systolische Blutdruck des Kunden im normalen Bereich einzuordnen. Der diastolische Blutdruck ist optimal. Somit geht aus dieser Sicht keine gesundheitliche Gefahr für die Kundin aus.

Wie aus Tabelle 3 zu entnehmen, ist der Ruhepuls der Kundin im Normbereich einzuordnen. Ihr Puls von 73 S/min gibt keinen Hinweis auf eine Erkrankung.

Im Hinblick auf die Ausdauertestung und das Ausdauertraining ist die Kundin ihrem Trainingsstand entsprechend voll belastbar.

Tabelle 2: Blutdruckklassifikationen der American Heart Association (modifiziert nach Mancia et al., 2013, S.1286)

Bewertung	Systolischer Blutdruck	Diastolischer Blutdruck
Optimal	Unter 120 mmHg	Unter 80 mmHg
Normal	120-129 mmHg	80-84 mmHg
Hochnormal	130-139 mmHg	85-89 mmHg
Hypertonie Stufe 1	140-159 mmHg	90-99 mmHg
Hypertonie Stufe 2	160-179 mmHg	100-109 mmHg
Hypertonie Stufe 3	Über 180 mmHg	Über 110 mmHg

Tabelle 3: Normbereich Ruhepuls (Eifler, 2015, S.179)

	Ruhepuls
Normbereich	60-80 Schläge

1.2 Leistungsdiagnostik/Ausdauertestung

1.2.1 Begründung der Auswahl des Ausdauertests

Der Vita-Maxima-Test schließt sich von vornherein aus, da dieser Test ausschließlich zur Testung bereits gut trainierter Ausdauersportler wie beispielsweise Radfahrer oder Triathleten herangezogen wird. Deshalb muss zwischen dem WHO-Test und dem Hollmann-Venrath-Test entschieden werden.

Der WHO-Test ist geeignet für untrainierte Frauen, ältere Menschen und übergewichtige Personen. Die Kundin hat angegeben im letzten Jahr durchschnittlich ein bis zwei mal pro Woche 20-30 Minuten trainiert zu haben. Damit ist ihre Ausdauerleistungsfähigkeit vermutlich etwas höher als bei einer völlig untrainierten Frau.

Dennoch ist für die Kundin der Hollmann-Venrath-Test nicht geeignet, da von der Testperson in diesem Testverfahren eine Wattleistung von mindestens 150 Watt erreicht werden sollte. Im Fall der Kundin ergibt sich daraus eine relative Wattleistung von 2,88 Watt/kg. Laut Tabelle 9 entspricht das einer deutlich überdurchschnittlichen Leistung, was der Kundin aufgrund ihrer Angaben zur sportlichen Aktivität nicht zugetraut werden kann.

Daraus ergibt sich der WHO-Test als geeignetes Testverfahren zur Ausdauertestung.

1.2.2 Darstellung des Testverlaufs

Bei dem WHO-Test handelt es sich um einen submaximalen Fahrradergometer Stufentest.

Vor Beginn des Tests wird die Zielherzfrequenz unter Berücksichtigung von Alter, Ruhepuls und Trainingsstand festgelegt (vgl. Tabelle 4 und 5).

Die Eingangsbelastung beträgt 25 Watt. Die Stufen werden alle zwei Minuten um 25 Watt erhöht. Nach jeder Minute wird die Herzfrequenz gemessen.

Der Test wir nach der Stufe beendet, in der die Zielherzfrequenz erreicht oder überschritten wird.

Die Trittfrequenz sollte während des gesamten Tests den Bereichs von 60-80 u/min nicht unter- oder überschreiten.

Tabelle 4: Voreinstufung nach Ruheherzfrequenz und Lebensalter (modifiziert nach Trunz, 2004; S. 4)

Alter/ Hf_{Ruhe}	< 20	20-29	30-39	40-49	50-59	60-69	> 70
< 50 S/min	140 S/min	135 S/min	130 S/min	125 S/min	115 S/min	110 S/min	105 S/min
50-59 S/min	145 S/min	140 S/min	135 S/min	125 S/min	120 S/min	115 S/min	110 S/min
60-69 S/min	145 S/min	145 S/min	135 S/min	130 S/min	125 S/min	120 S/min	115 S/min
70-79 S/min	150 S/min	145 S/min	140 S/min	135 S/min	130 S/min	125 S/min	120 S/min
80-89 S/min	155 S/min	150 S/min	145 S/min	140 S/min	135 S/min	125 S/min	125 S/min
> 90 S/min	160 S/min	155 S/min	150 S/min	145 S/min	135 S/min	130 S/min	125 S/min

Tabelle 5: Voreinstufung nach Trainingszustand (modifiziert nach Trunz, 2004, S. 4)

Trainingszustand	Trainingshäufigkeit/ Woche	Stunden/ Woche	Pulsaufschlag
Kein Ausdauertraining	kein einziges Mal	0 Stunden	kein Aufschlag
Wenig Ausdauertraining	1-2 mal	≤ 1 Stunde	kein Aufschlag
Moderates Ausdauertraining	2-3 mal	1-2 Stunden	plus 5 S/min
Viel Ausdauertraining	3-4 mal	2-4 Stunden	plus 10 S/min
Sehr viel Ausdauertraining	> 4 mal	> 4 Stunden	plus 15 S/min

Tabelle 6: Testprotokoll (eigene Darstellung)

Testform	WHO-Test
Testgerät	Fahrradergometer
Belastungsart	Submaximaler Stufentest
Eingangsbelastung	25 Watt
Belastungssteigerung	25 Watt
Stufendauer	2 Minuten
Trittfrequenz	60-80 u/min
Zielherzfrequenz	145 s/min

Tabelle 7: Testverlauf (eigene Darstellung)

Zeitverlauf	Leistung	Herzfrequenz Messung 1	Herzfrequenz Messung 2
2 Minuten	25 Watt	122 s/min	126 s/min
4 Minuten	50 Watt	132 s/min	134 s/min
6 Minuten	75 Watt	142 s/min	150 s/min

1.2.3 Bewertung des Testergebnisses

Tabelle 8: Testergebnis (eigene Darstellung)

Absolute Gesamtleistung	75 Watt
Relative Gesamtleistung	1,44 Watt/kg

Die Testperson hat im submaximalen Fahrradergometertest eine relative Wattleistung von 1,44 Watt/kg erreicht. Bezogen auf das Alter und Geschlecht der Kundin handelt es sich dabei um eine unterdurchschnittliche Leistung, die es zu verbessern gilt.

Tabelle 9: Auszug der Normtabelle für submaximale Radergometertests der Relativen Watt-Soll-Leistung (Watt pro kg) bei Frauen (modifiziert nach Trunz, 2004, S. 8)

<30	30-34	35-39	40-44	45-49	50-54	55-59	>60	Bewertung
1,15	1,09	1,04	0,98	0,92	0,86	0,81	0,75	- -
...	...	...	...	...	...	...	...	...
1,35	1,28	1,22	1,15	1,08	1,01	0,95	0,88	- -
1,40	1,33	1,26	1,19	1,12	1,05	0,98	0,91	-
...	...	...	...	...	...	...	...	...

1,60	1,52	1,44	1,36	1,28	1,20	1,12	1,04	-
1,70	1,62	1,53	1,45	1,36	1,28	1,19	1,11	Ø
...	...	...	...	...	...	...	...	...
2,00	1,90	1,80	1,70	1,60	1,50	1,40	1,30	Ø
2,10	2,00	1,89	1,79	1,68	1,58	1,47	1,37	+
...	...	...	...	...	...	...	...	...
2,40	2,28	2,16	2,04	1,92	1,80	1,68	1,56	+
2,60	2,47	2,34	2,21	2,08	1,95	1,82	1,69	++
...	...	...	...	...	...	...	...	...
3,40	3,23	3,06	2,89	2,72	2,55	2,38	2,21	++

1.3 Gesundheits- und Leistungsstatus der Person

Der Ausdauertest hat eine unterdurchschnittliche Leistungsfähigkeit der Testperson ergeben. Der Grund dafür kann sein, dass sie vor einem Jahr erst mit leichtem und unsystematischem Ausdauertraining begonnen hat.

Gesundheitlich ist die Person wie bereits vor dem Test festgestellt nicht eingeschränkt. Wie aus Tabelle 10 zu erkennen ist die Person im Normalgewicht einzuordnen, weshalb auch aus dieser Perspektive keine Einschränkungen für den Trainingsplan vorzunehmen sind.

Die Testperson hat zwar noch eine unterdurchschnittliche Fitness, ist aber aufgrund ihres Alters und des vorangegangenen geringen Trainingserfahrung im letzten Jahr an leichte Belastungen gewöhnt.

Dem entsprechend ist die Testperson für den Einstieg ins Training bereit. Der Trainingsumfang und die Intensität können nun ausgehend von ihrem aktuellen Trainingsniveau von bisher ein bis zwei mal je 20-30 Minuten pro Woche auf bis zu drei Einheiten mit insgesamt zwei Stunden Belastung progressiv gesteigert werden.

Tabelle 10: Beurteilung des Body-Mass-Indexes für Erwachsene (BMI) (Luppa, 2016; nach World Health Organization, 2000)

Klasse	BMI (kg/m^2)
Untergewicht	< 18,5
Normalgewicht	18,5-24,9
Übergewicht	25,0-29,9

Adipositas Grad I	30,0-34,9
Adipositas Grad II	35,0-39,9
Adipositas Grad III	> 40

2 Zielsetzung/Prognose

Tabelle 11: Zielsetzung/Prognose (eigene Darstellung)

Inhalt	Ausmaß	Zeit
Kcal-Verbrauch durch Training	1500 kcal	Pro Woche
Ruhepuls Senkung	-6 Schläge	3 Monaten
Verbesserung der relativen Wattleistung im submaximalen Stufentest	0,2 Watt/kg	6 Monaten

Als persönliche Trainingsmotive hat die Kundin eine Steigerung der Ausdauerleistung und der allgemeinen Fitness, sowie die Förderung des Wohlbefindens und der Gesundheit genannt.

Das Ziel der Förderung des Wohlbefindens ist sehr abstrakt und schwer zu messen.

Um dieses Ziel messbar zu machen, wurde als Ziel die Steigerung des Kcal-Verbrauchs innerhalb der Trainingswoche festgelegt.

Ein erhöhter Kalorienverbrauch, bedingt durch Ausdauertraining, bewirkt nicht nur körperliche Veränderungen, sondern steigert auch das Wohlbefinden und die geistige Leistungsfähigkeit (Eifler & Kettenis, 2016, S.13). Dieser Effekt soll außerdem als kurzfristig erreichbares Ziel im Wochenzyklus fungieren, um die Kundin zum Erreichen der längerfristigen Ziele zu motivieren.

Das genannte Ziel der Steigerung der Ausdauerleistung und allgemeinen Fitness soll mittelfristig mithilfe der Messung der Ruheherzfrequenz und langfristig mithilfe eines erneuten Leistungstests gemessen werden. Die Herabsetzung der Ruheherzfrequenz um sechs Schläge soll durch die Ökonomisierung der Herzarbeit bereits nach drei Monaten deutlich werden.

Erste Leistungssteigerungen können sich koordinationsbedingt bereits kurzfristig bemerkbar machen. Da eine signifikante Verbesserung der relativen Wattleistung jedoch einen größeren Zeitraum verlangt und die Kundin durch ein Nichterreichen eines Ziels nicht demotiviert werden soll, wurde eine Verbesserung um 0,2 Watt/kg für einen Zeitraum von sechs Monaten festgelegt.

3 Trainingsplanung Mesozyklus

3.1 Grobplanung Mesozyklus

Tabelle 12: Grobplanung Mesozyklus

Zyklusdauer	6 Wochen
Trainingsziel	Entwicklung der Grundlagenausdauer
Trainingsumfang	1-2 Stunden/Woche
Trainingsmethoden	Extensive Dauermethode Intensive Dauermethode Variable Dauermethode
Trainingsintensitäten	50-60% Hf_{max} (Extensive Dauermethode, regenerativ) 60-75% Hf_{max} (Extensive Dauermethode) 75-85% Hf_{max} (Intensive Dauermethode) 60-85% Hf_{max} (Variable Dauermethode)
Trainingshäufigkeit	2-3 mal pro Woche
Trainingsdauer der Trainingseinheiten	30-45 Minuten (Extensive Dauermethode) 20 Minuten (Extensive Dauermethode, regenerativ) 20 Minuten (Intensive Dauermethode) 30 Minuten (Variable Dauermethode)
Ausdauergeräte/Bewegungsformen	Laufen/Laufen(Laufband), Walking/Walking(Laufband), Fahrradergometer

3.2 Detailplanung Mesozyklus

Tabelle 13: Wochenplan 1 (eigene Darstellung)

Wochenplan 1	Montag	Donnerstag
Trainingsziel	Grundlagenausdauer 1	Grundlagenausdauer 1
Trainingsmethode	Extensive Dauermethode	Extensive Dauermethode
Trainingsintensität	60-75% Hf_{max}	60-75% Hf_{max}
Trainingsherzfrequenz	118-147 S/min	118-147 S/min

Trainingsdauer	30 Minuten	35 Minuten
Trainingsgerät	Laufen/Walking	Fahrradergometer

Tabelle 14: Wochenplan 2 (eigene Darstellung)

Wochenplan 2	Montag	Mittwoch	Freitag
Trainingsziel	Grundlagenausdauer 1	Grundlagenausdauer 2	Grundlagenausdauer 1
Trainingsmethode	Extensive Dauermethode	Variable Dauermethode	Extensive Dauermethode
Trainingsintensität	60-75% Hf_{max}	60-75% Hf_{max} (extensiv) 75-85% Hf_{max} (intensiv)	
Trainingsherzfrequenz	118-147 S/min	118-147 S/min (extensiv) 148-167 S/min (intensiv)	
Trainingsdauer	35 Minuten	15 Minuten (extensiv) 15 Minuten (intensiv) (Umsetzung: 3 x 5:5)	30 Minuten
Trainingsgerät	Laufen/Walking	Fahrradergometer	Laufen/Walking

Tabelle 15: Wochenplan 1 (eigene Darstellung)

Wochenplan 1	Montag	Donnerstag
Trainingsziel	Grundlagenausdauer 1	Grundlagenausdauer 1
Trainingsmethode	Extensive Dauermethode	Extensive Dauermethode
Trainingsintensität	60-75% Hf_{max}	60-75% Hf_{max}
Trainingsherzfrequenz	118-147 S/min	118-147 S/min
Trainingsdauer	30 Minuten	35 Minuten
Trainingsgerät	Fahrradergometer	Laufen/Walking

Tabelle 16: Wochenplan 4 (eigene Darstellung)

Wochenplan 4	Montag	Mittwoch	Freitag
Trainingsziel	Grundlagenausdauer 1	Grundlagenausdauer 2	Grundlagenausdauer 1
Trainingsmethode	Extensive Dauermethode	Variable Dauermethode	Extensive Dauermethode
Trainingsintensität	60-75% Hf_{max}	60-75% Hf_{max} (extensiv) 75-85% Hf_{max} (inten-	60-75% Hf_{max}

		siv)	
Trainingsherzfrequenz	118-147 S/min	118-147 S/min (extensiv) 148-167 S/min (intensiv)	118-147 S/min
Trainingsdauer	40 Minuten	15 Minuten (extensiv) 15 Minuten (intensiv) (Umsetzung: 3 x 5:5)	35 Minuten
Trainingsgerät	Fahrradergometer	Laufen	Laufen/Walking

Tabelle 17: Wochenplan 5 (eigene Darstellung)

Wochenplan 5	Montag	Mittwoch	Freitag
Trainingsziel	Grundlagenausdauer 1	Grundlagenausdauer 2	REKOM
Trainingsmethode	Extensive Dauermethode	Intensive Dauermethode	Extensive Dauermethode, regenerativ
Trainingsintensität	60-75% Hf_{max}	75-85% Hf_{max}	50-60% Hf_{max}
Trainingsherzfrequenz	118-147 S/min	148-167 S/min	99-118 S/min
Trainingsdauer	45 Minuten	20 Minuten	20 Minuten
Trainingsgerät	Fahrradergometer	Laufen	Walking

Tabelle 18: Wochenplan 6 (eigene Darstellung)

Wochenplan 6	Montag	Mittwoch	Freitag
Trainingsziel	Grundlagenausdauer 1	Grundlagenausdauer 1	Grundlagenausdauer 1
Trainingsmethode	Extensive Dauermethode	Extensive Dauermethode	Extensive Dauermethode
Trainingsintensität	60-75% Hf_{max}	60-75% Hf_{max}	60-75% Hf_{max}
Trainingsherzfrequenz	118-147 S/min	118-147 S/min	118-147 S/min
Trainingsdauer	35 Minuten	40 Minuten	30 Minuten
Trainingsgerät	Fahrradergometer	Laufen/Walking	Fahrradergometer

3.3 Begründung zum Mesozyklus

3.3.1 Begründung zum angestrebten wöchentlichen Belastungsumfang

Der wöchentliche Belastungsumfang liegt in Woche 1 des Mesozyklus bei 65 Minuten aufgeteilt auf zwei Trainingseinheiten. Bezogen auf das vorangegangene Training der Person ergibt sich hier bereits die erste Belastungssteigerung durch die Erhöhung der

Anzahl der Trainingseinheiten innerhalb der Woche. Der Belastungsumfang soll im weiteren Verlauf des Mesozyklus weiterhin über die Häufigkeit und später über die Dauer der einzelnen Trainingseinheiten auf 105 Minuten erhöht werden.

So wird im Verlauf des Mesozyklus versucht, die Trainingsumfänge der Kundin verglichen mit den in Tabelle 5 dargestellten Umfängen um die nächste höhere Stufe „moderates Ausdauertraining" zu erhöhen.

3.3.2 Begründung zu den ausgewählten Trainingsmethoden

Die Basis zum Erreichen der genannten Ziele der Kundin ist die Ausbildung und Stabilisierung der Grundlagenausdauer. Darauf wird in diesem ersten Mesozyklus der Schwerpunkt gesetzt. Die extensive Dauermethode spielt hierbei die größte Rolle. Charakteristisch sind eine geringe Intensität, bei hohem Umfang und das Training im aeroben Fettstoffwechselbereich.

Die extensive Dauermethode ist für einen Trainierenden jedes Leistungsstands gut umsetzbar. Sie dient der Entwicklung und Stabilisierung der Grundlagenausdauer 1 und macht einen Anteil von 60-90% des gesamten Trainingsumfangs aus (Hottenrott, 2017, S.158-159).

Da eine ausgeprägte Grundlagenausdauer vermutlich bei einem Anfänger in der gezielten Trainingssteuerung noch nicht vorhanden ist, wird zunächst darauf der Fokus gelegt.

Um die Kundin aber auch an höhere Intensitäten heranzuführen und die Grundlagenausdauer weiterzuentwickeln, ergänzt die variable Dauermethode das Training im weiteren Verlauf des Mesozyklus.

Da die intensive Dauermethode durch deutlich höhere Intensität ohne Entlastung gekennzeichnet ist, erscheint diese erst sehr spät im Verlauf des Trainingsplans wenn bereits erste Grundlagenausdauer aufgebaut wurde.

3.3.3 Begründung zur Belastungsprogression

Um die Leistungsfähigkeit der Kundin auszubilden und zu stabilisieren wird die Trainingsgesamtbelastung durch Anpassung der Trainingshäufigkeit, des Umfangs und der Intensität progressiv gesteigert.

Im dargestellten Zyklus wurde ein Be- und Entlastungsverhältnis von 2:1 ausgewählt. Um die Grundlagenausdauer auszubilden, wird in den ersten beiden Wochen die Trainingsbelastung über die Häufigkeit und den Umfang gesteigert.

Darauf folgend wird wieder eine Woche mit reduzierter Trainingsbelastung und geringerer Trainingshäufigkeit eingebaut, um die Grundlagenausdauer zu stabilisieren. Die beiden darauf folgenden Wochen weisen eine Steigerung in Häufigkeit und Umfang sowie der Intensität auf, woraufhin wieder eine Woche mit reduzierter Trainingsbelastung folgt. Danach kann mit einer höheren Belastung im neuen Mesozyklus begonnen werden.

3.3.4 Begründung zu den angesteuerten Trainingsbereichen

Als Grundlage zur Bestimmung der Trainingsintensitäten dient die Maximale Herzfrequenz. Von ihr abgeleitet ergeben sich die Trainingsbereiche.

Die allgemeine Faustformel zur Bestimmung der maximalen Herzfrequenz errechnet sich aus $220 - \text{Lebensalter} = Hf_{max}$. (Hottenrott, 2017, S.151)

Die Intensität für das extensive Training im Grundlagenausdauerbereich 1 liegt für den Fitness- und Breitensportler sowie für untrainierte Personen im Bereich 60-75% der Hf_{max}. Für das extensive REKOM Training zur aktiven Regeneration empfiehlt sich das Training um 55% der Hf_{max}. Für den intensiveren Grundlagenausdauerbereich 2 liegt die Herzfrequenz bei 75-85% der Hf_{max} (Hottenrott, 2017; nach Meyer et al., 2005, S.1865-1870).

Das Training im Grundlagenausdauerbereich 1 ist als Fundament für das Training anzusehen. Es soll zur Stabilisierung der Grundlagenausdauer dienen. Das Training im intensiven Grundlagenausdauerbereich 2 soll die Grundlagenausdauer weiterentwickeln.

Nach einer sehr intensiven Einheit wird ein lockeres und kurzes REKOM Training eingebaut, um sich von der hohen Belastung aktiv zu regenerieren.

3.3.5 Begründung der ausgewählten Ausdauergeräte bzw. Bewegungsformen

Als Ausdauergeräte bzw. Bewegungsformen wurde Radfahren auf dem Ergometer und Laufen bzw. Walking auf dem Laufband ausgewählt.

Das Radfahren auf dem Ergometer ist für die Umsetzung des Trainings eines Anfängers am besten geeignet, da hier die Verletzungsgefahr bzw. die Fehlerbilder am geringsten sind. Deshalb macht der Ergometer als Trainingsgerät anfangs und vor allem bei den intensiveren Einheiten den größeren Anteil aus.

Angelehnt an das bisherige Training der Kundin und auch im Sinne der Trainingsvielfalt wird das Laufen weiterhin zu einem großen Teil in das Training eingebaut. Da es eine der Kundin bereits bekannte Bewegungsform ist, ist die Verletzungsgefahr als gering einzuschätzen.

Bei den Laufeinheiten mit geringem Tempo muss die Kundin selbständig zwischen Laufen und Walking wählen, da die Herzfrequenz den oberen extensiven Grenzwert bei geringstmöglichen Lauftempo bereits übersteigen könnte. In dem Fall muss sie das Walking als Bewegungsform auswählen.

4 Literaturrecherche

4.1 Studie 1

Tabelle 19: Effekte des Ausdauertrainings bei arterieller Hypertonie, Studie 1 (eigene Darstellung)

Titel	Auswirkungen von Ausdauer- vs. Krafttraining vs. der Kombination Ausdauer-/Krafttraining auf die systemische Hämodynamik, Gefäßelastizität sowie Herzfrequenzvariabilität bei Patienten mit arterieller Hypertonie
Autoren	Bickenbach, A.L.
Jahr	2011
Versuchspersonen	55 Probanden, darunter 13 Frauen und 42 Männer mit Hypertonie Stufe 1 (Bickenbach, 2011, S. 22)
Versuchsaufbau	Zu Beginn unterzogen sich die Probanden einer 24-Stunden-Blutdruckanalyse. Jeder Teilnehmer wurde zufällig in eine der Gruppen Ausdauertrainingsgruppe, Krafttrainingsgruppe, Ausdauer- und Krafttrainingsgruppe und Kontrollgruppe aufgeteilt. Außer der Kontrollgruppe, die ihre Lebensgewohnheiten wie bisher weiter führen sollten und keinen Sport treiben sollten, absolvierten die Probanden der anderen Gruppen ein zwölf Wochen langen Trainingsplan entsprechend ihrer Gruppe. Die Intensität und Dauer wurde progressiv innerhalb der zwölf Wochen gesteigert. (Bickenbach, 2011, S. 22-25)
Ergebnisse	Der Blutdruck wurde in der Ausdauertrainingsgruppe um -3,30 mmHg (2,35%), in der Krafttrainingsgruppe um -4,90 mmHg

	(3,44%) und in der Ausdauer- und Krafttrainingsgruppe um -5,80 mmHg (4,18%) gesenkt (Bickenbach, 2011, S. 49-51).
Schlussfolgerung	Ausdauertraining wirkt sich sehr positiv auf den Blutdruck aus. Insgesamt wirkt sich Krafttraining jedoch noch positiver auf den Blutdruck aus als Ausdauertraining. Noch bessere Ergebnisse liefert die Kombination aus Ausdauer- und Krafttraining. Als optimales Mittel gegen Bluthochdruck sollte folglich Ausdauer- und Krafttraining in die Therapie eines Hypertonie Patienten eingebaut werden.

4.2 Studie 2

Tabelle 20: Effekte des Ausdauertrainings bei arterieller Hypertonie, Studie 2 (eigene Darstellung)

Titel	Kardiovaskuläre Effekte eines aeroben versus eines isometrischen Trainings bei arterieller Hypertonie
Autoren	Vlatsas, S
Jahr	2015
Versuchspersonen	70 Personen, darunter 29 Männer und 41 Frauen mit Hypertonie Stufe 1 (Vatsas, 2015, S.32)
Versuchsaufbau	Die Personen wurden zufällig in 3 Gruppen aufgeteilt (Vlatsas, 2015, S.40). 23 Patienten in der Placebo Gruppe, 18 Patienten in der Gruppe mit aeroben Training (30-45 Minuten 5 mal pro Woche, Joggen, Walken, Radfahren und Schwimmen frei wählbar) 25 Patienten in der Gruppe isometrisches Training. Zu Beginn der Studie wurde eine 24h Blutdruckmessung durchgeführt. Der Versuch dauerte 12 Wochen (Vlatsas, 2015, S.32). Danach wurde erneut einer 24h Blutdruckmessung durchgeführt (Vlatsas, 2015, S.41)
Ergebnisse	Bei der aeroben Trainingsgruppe ergab sich eine Senkung des systolischen Blutdrucks von 129.1±10.4 mmHg auf 122.7±11.7 und diastolischen Blutdrucks von 79.5±8.9 auf 76.7±10.9 mmHg. Die Patienten der Placebo Gruppe und der isometrischen Gruppe zeigten keine signifikante Verbesserung des Blutdrucks (Vlatsas, 2015, S.41).
Schlussfolgerung	Die Studie zeigt, dass bereits leichtes aber häufiges aerobes Ausdauertraining den Blutdruck signifikant senken kann und geeignet ist zur Blutdrucksenkung von Patienten mit Hypertonie Stufe 1.

5   Literaturverzeichnis

Bickenbach, A.L. (2011). *Auswirkungen von Ausdauer- vs. Krafttraining vs. Der Kombination Ausdauer-/Krafttraining auf systematische Hämodynamik, Gefäßelastizität sowie Herzfrequenzvariabilität bei Patienten mit arterieller Hypertonie.* Dissertation, Deutsche Sporthochschule Köln. Köln

Eifler, C. (2015). *Studienbrief Medizinische Grundlagen* (rev.14.014.00). Saarbrücken: Deutsche Hochschule für Prävention und Gesundheitsmanagement.

Eifler, C. & Kettenis L. (2016). *Studienbrief Trainingslehre II* (rev.16.020.000). Saarbrücken: Deutsche Hochschule für Prävention und Gesundheitsmanagement.

Hottenrott, K. (2017). Struktur, Diagnostik und Training allgemeiner und spezieller Leistungsvoraussetzungen. In K. Hottenrott & I. Seidel (Hrsg.), *Handbuch Trainingswissenschaft – Trainingslehre* (S. 137-170). Schorndorf: Hofmann-Verlag.

Luppa, D. (2016). *Studienbrief Ernährung I* (rev.16.020.000). Saarbrücken: Deutsche Hochschule für Prävention und Gesundheitsmanagement.

Mancia, G., Fagard, R., Narkiewicz, K., Redón, J., Zanchetti, A., Böhm, M. Et al. (2013). 2013 ESH/ESC Guidelines for the management of arterial hypertension of Eu- ropean Society of Hypertension (ESH) and of the European Society of Cardiology ESC. *Journal of Hypertension, 31* (7), 1281-1357

Trunz, E. (2004). *IPN-Test® – Ausdauertest für den Fitness- und Gesundheitssport.* Köln: Institut für Prävention und Nachsorge.

Vlatsas, E. (2015). *Kardiovaskuläre Effekte eines aeroben versus eines isometrischen Trainings bei arterieller Hypertonie.* Dissertation, Medizinische Fakultät Charité-Universitätsmedizin Berlin. Berlin.

6 Abbildungs- und Tabellenverzeichnis

6.1 Tabellenverzeichnis

Tabelle 1: Allgemeine und biometrische Daten (eigene Darstellung)...............................2

Tabelle 2: Blutdruckklassifikationen der American Heart Association (modifiziert nach Mancia et al., 2013, S.1286)...............................3

Tabelle 3: Normbereich Ruhepuls (Eifler, 2015, S.179)...............................3

Tabelle 4: Voreinstufung nach Ruheherzfrequenz und Lebensalter (modifiziert nach Trunz, 2004; S. 4)...............................4

Tabelle 5: Voreinstufung nach Trainingszustand (modifiziert nach Trunz, 2004, S. 4)...4

Tabelle 6: Testprotokoll (eigene Darstellung)...............................5

Tabelle 7: Testverlauf (eigene Darstellung)...............................5

Tabelle 8: Testergebnis (eigene Darstellung)...............................5

Tabelle 9: Auszug der Normtabelle für submaximale Radergometertests der Relativen Watt-Soll-Leistung (Watt pro kg) bei Frauen (modifiziert nach Trunz, 2004, S. 8).........5

Tabelle 10: Beurteilung des Body-Mass-Indexes für Erwachsene (BMI) (Luppa, 2016; nachWorld Health Organization, 2000)...............................6

Tabelle 11: Zielsetzung/Prognose (eigene Darstellung)...............................7

Tabelle 12: Grobplanung Mesozyklus...............................8

Tabelle 13: Wochenplan 1 (eigene Darstellung)...............................8

Tabelle 14: Wochenplan 2 (eigene Darstellung)...............................9

Tabelle 15: Wochenplan 1 (eigene Darstellung)...............................9

Tabelle 16: Wochenplan 4 (eigene Darstellung)...............................9

Tabelle 17: Wochenplan 5 (eigene Darstellung)...............................10

Tabelle 18: Wochenplan 6 (eigene Darstellung)...............................10

Tabelle 19: Effekte des Ausdauertrainings bei arterieller Hypertonie, Studie 1 (eigene Darstellung)...............................13

Tabelle 20: Effekte des Ausdauertrainings bei arterieller Hypertonie, Studie 2 (eigene Darstellung)...............................14

BEI GRIN MACHT SICH IHR WISSEN BEZAHLT

- Wir veröffentlichen Ihre Hausarbeit,
  Bachelor- und Masterarbeit

- Ihr eigenes eBook und Buch -
  weltweit in allen wichtigen Shops

- Verdienen Sie an jedem Verkauf

Jetzt bei www.GRIN.com hochladen
und kostenlos publizieren